Utilize este código QR para se cadastrar de forma mais rápida:

Ou, se preferir, entre em:
www.moderna.com.br/ac/livroportal
e siga as instruções para ter acesso aos conteúdos exclusivos do
Portal e Livro Digital

CÓDIGO DE ACESSO:
A 00049 BUPARTE1E 3 92361

Faça apenas um cadastro. Ele será válido para:

Da semente ao livro,
sustentabilidade por todo o caminho

Plantar florestas
A madeira que serve de matéria-prima para nosso papel vem de plantio renovável, ou seja, não é fruto de desmatamento. Essa prática gera milhares de empregos para agricultores e ajuda a recuperar áreas ambientais degradadas.

Fabricar papel e imprimir livros
Toda a cadeia produtiva do papel, desde a produção de celulose até a encadernação do livro, é certificada, cumprindo padrões internacionais de processamento sustentável e boas práticas ambientais.

Criar conteúdos
Os profissionais envolvidos na elaboração de nossas soluções educacionais buscam uma educação para a vida pautada por curadoria editorial, diversidade de olhares e responsabilidade socioambiental.

Tacito Comunicação, Alexandre Santana e Estúdio Pingado

Construir projetos de vida
Oferecer uma solução educacional Moderna é um ato de comprometimento com o futuro das novas gerações, possibilitando uma relação de parceria entre escolas e famílias na missão de educar!

Apoio:

Fotografe o Código QR e conheça melhor esse caminho.
Saiba mais em *moderna.com.br/sustentavel*

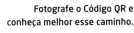

Organizadora: Editora Moderna

Obra coletiva concebida, desenvolvida e produzida pela Editora Moderna.

Editora Executiva:
Marisa Martins Sanchez

NOME: ....

....TURMA: ....

ESCOLA: ....

....

1ª edição

© Editora Moderna, 2018

Elaboração dos originais:

Ligia Aparecida Ricetto
Licenciada em Pedagogia pela Universidade Paulista. Editora.

Francione Oliveira Carvalho
Bacharel em Artes Cênicas pela Faculdade de Artes do Paraná. Licenciado em Educação Artística, com habilitação na disciplina de Artes Cênicas, pelo Centro Universitário Belas Artes de São Paulo. Mestre e doutor em Educação, Arte e História da Cultura pela Universidade Presbiteriana Mackenzie. Pesquisador do Diversitas – Núcleo de Estudos das Diversidades, Intolerâncias e Conflitos da FFLCH/USP, onde realizou pós-doutoramento. Atua no Ensino Superior na formação de professores.

Marisa Martins Sanchez
Licenciada em Letras pelas Faculdades São Judas Tadeu. Professora de Português em escolas públicas e particulares de São Paulo por 11 anos. Editora.

Samir Thomaz
Bacharel em Comunicação Social pela Faculdade Cásper Líbero. Autor de obras de ficção e não ficção para o público juvenil e adulto. Editor.

<u>Jogo de apresentação das 7 atitudes para a vida</u>
Gustavo Barreto
Formado em Direito pela Pontifícia Universidade Católica (SP). Pós-graduado em Direito Civil pela mesma instituição. Autor dos jogos de tabuleiro (*boardgames*) para o público infantojuvenil: Aero, Tinco, Dark City e Curupaco.

Coordenação editorial: Ligia Aparecida Ricetto
Edição de texto: Ligia Aparecida Ricetto, Leonilda Pereira Simões
Gerência de *design* e produção gráfica: Everson de Paula
Coordenação de produção: Patricia Costa
Suporte administrativo editorial: Maria de Lourdes Rodrigues
Coordenação de *design* e projetos visuais: Marta Cerqueira Leite
Projeto gráfico: Daniel Messias, Daniela Sato, Mariza de Souza Porto
Capa: Mariza de Souza Porto e Daniela Sato
Ilustração de capa: Raul Aguiar
Coordenação de arte: Wilson Gazzoni Agostinho
Edição de arte: Renata Susana Rechberger
Editoração eletrônica: Grapho Editoração
Coordenação de revisão: Elaine C. del Nero
Revisão: Ana Paula Felippe, Márcia Leme, Renato Bacci, Renato da Rocha Carlos, Roseli Simões, Vera Rodrigues
Coordenação de pesquisa iconográfica: Luciano Baneza Gabarron
Pesquisa iconográfica: Carol Böck, Marcia Sato, Maria Marques
Coordenação de *bureau*: Rubens M. Rodrigues
Tratamento de imagens: Fernando Bertolo, Marina M. Buzzinaro, Luiz Carlos Costa, Joel Aparecido
Pré-impressão: Alexandre Petreca, Everton L. de Oliveira, Marcio H. Kamoto, Vitória Sousa
Coordenação de produção industrial: Wendell Monteiro
Impressão e acabamento: Ricargraf
Lote: 278578

Dados Internacionais de Catalogação na Publicação (CIP)
(Câmara Brasileira do Livro, SP, Brasil)

Buriti plus arte / organizadora Editora Moderna ; obra coletiva concebida, desenvolvida e produzida pela Editora Moderna . — 1. ed. — São Paulo : Moderna, 2018. (Projeto Buriti)

Obra em 5 v. para alunos do 1º ao 5º ano.

1. Arte (Ensino fundamental) I. Série.

18-16396   CDD-372.5

Índices para catálogo sistemático:
1. Arte : Ensino fundamental   372.5

Maria Alice Ferreira — Bibliotecária — CRB-8/7964

ISBN 978-85-16-11325-4 (LA)
ISBN 978-85-16-11326-1 (GR)

Reprodução proibida. Art. 184 do Código Penal e Lei 9.610 de 19 de fevereiro de 1998.
Todos os direitos reservados
EDITORA MODERNA LTDA.
Rua Padre Adelino, 758 – Belenzinho
São Paulo – SP – Brasil – CEP 03303-904
Vendas e Atendimento: Tel. (0_ _11) 2602-5510
Fax (0_ _11) 2790-1501
www.moderna.com.br
2019
Impresso no Brasil

1 3 5 7 9 10 8 6 4 2

Que tal começar o ano conhecendo seu livro?

Veja nas páginas 6 e 7 como ele está organizado.
Nas páginas 8 e 9, você fica sabendo os assuntos que vai estudar.

Neste ano, também vai conhecer e colocar em ação algumas atitudes que ajudarão você a conviver melhor com as pessoas e a solucionar problemas.

7 atitudes para a vida

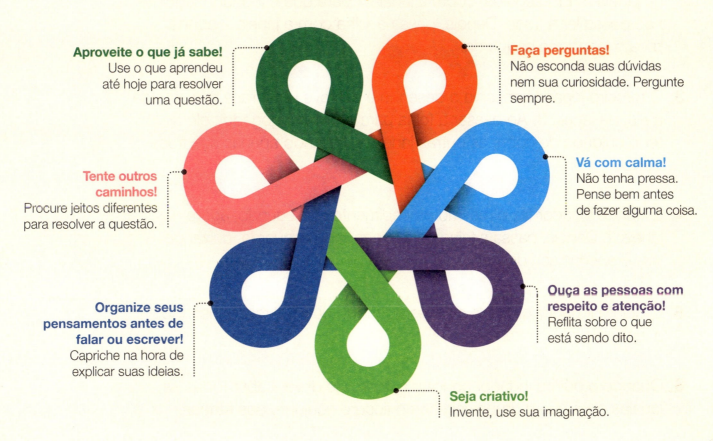

Aproveite o que já sabe!
Use o que aprendeu até hoje para resolver uma questão.

Faça perguntas!
Não esconda suas dúvidas nem sua curiosidade. Pergunte sempre.

Tente outros caminhos!
Procure jeitos diferentes para resolver a questão.

Vá com calma!
Não tenha pressa. Pense bem antes de fazer alguma coisa.

Organize seus pensamentos antes de falar ou escrever!
Capriche na hora de explicar suas ideias.

Ouça as pessoas com respeito e atenção!
Reflita sobre o que está sendo dito.

Seja criativo!
Invente, use sua imaginação.

Nas páginas 4 e 5, há um jogo para você começar a praticar cada uma dessas atitudes. Divirta-se!

JOGO DAS JANELAS

Forme um grupo com mais quatro colegas.

Destaque a página 97.

O jogo será assim: três jogadores escreverão uma frase no verso das janelas 1, 3 e 5, e dois jogadores farão um desenho no verso das janelas 2 e 4.

Procedimentos

1. O primeiro jogador escreve uma frase, na janela 1, usando a palavra **dinossauro**. Por exemplo: Alguns dinossauros comiam plantas. E passa a folha para o jogador à sua esquerda.

2. O segundo jogador lê a frase e faz um desenho que a represente, na janela 2. Em seguida, cobre a janela 1 para que o jogador seguinte não possa ler a frase. Depois, passa a folha com a janela 2 aberta para o jogador à esquerda.

3. O terceiro jogador observa o desenho e escreve uma frase relacionada a ele, na janela 3. Ao passar a folha para o próximo jogador, ele deve ter o cuidado de cobrir as outras janelas, deixando apenas sua frase visível.

4. O quarto jogador faz o mesmo procedimento do segundo, agora na janela 4. Depois, passa a folha para o jogador à esquerda, deixando visível apenas seu desenho.

5. O quinto jogador procede do mesmo modo que o terceiro, usando a janela 5.

6. Quando o quinto jogador concluir a frase, ele deverá abrir todas as janelas para que o grupo veja como ficou o conjunto das etapas.

Qual foi o resultado? A última frase é semelhante à primeira ou ficou muito diferente?

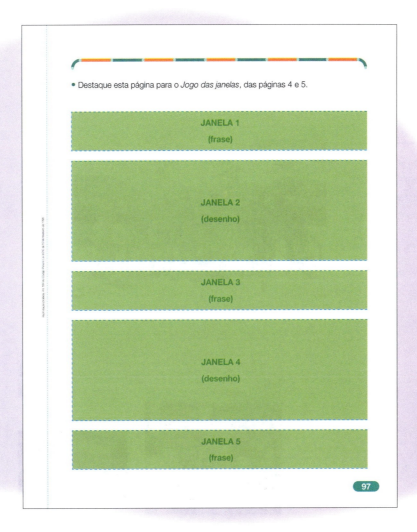

FIQUE ATENTO A ESTAS ATITUDES

Faça perguntas!
Se não entendeu o jogo, pergunte ao professor.

Aproveite o que já sabe!
Lembre-se do que já estudou sobre dinossauros e das atividades que fez de desenho e de escrita.

Organize seus pensamentos!
Observe o desenho ou a frase e pense bem na frase ou no desenho que vai fazer.

Vá com calma!
Observe bem a frase ou o desenho do colega e procure fazer o seu melhor.

Seja criativo!
Faça o melhor desenho que puder para representar a frase. Ou escreva a melhor frase a respeito do desenho.

Tente outros caminhos!
Se a frase ou o desenho que fez não ficou como você queria, apague e tente de outro jeito.

Ouça os colegas com respeito!
Se derem uma opinião sobre seu desenho ou frase, reflita sobre ela.

CONHEÇA SEU LIVRO

Veja como está organizado seu livro de Arte.

Abertura

Reproduções de pinturas, esculturas e fotografias para você observar, apreciar e conversar com os colegas.

Significado de palavras ligadas à arte e aos assuntos estudados.

Mãos à obra

Hora de fazer atividades artísticas, sozinho ou com seus colegas.

De olho na imagem

Nesta seção, você aprecia reproduções de obras de arte e conhece um pouco mais sobre elas.

6

Conheça o artista

Você vai conhecer a biografia de alguns artistas.

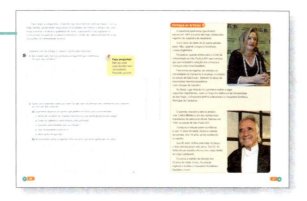

Musicando

Aqui você amplia seus conhecimentos sobre sons e música.

Para fazer com os colegas

Você e seus colegas vão fazer atividades artísticas juntos.

Vamos ler

Indicação de livros para ampliar seus conhecimentos.

Ícones utilizados

Para indicar como realizar algumas atividades:

Atividade oral

Atividade em dupla

Atividade em grupo

Desenho ou pintura

Para indicar objetos digitais:

Para indicar habilidades que você vai usar para se relacionar melhor com os outros e consigo mesmo:

SUMÁRIO

Unidade 1 — A arte e seus espaços 10

Capítulo 1: Museus 12
Profissionais de um museu 17
Capítulo 2: Teatros 20
Teatro Municipal de Ouro Preto 21
Um teatro visto por dentro 22
Aventura no museu 24
    Música sobre fósseis 25
Conheça o artista – Charles-Camille Saint-Saëns 25
• Musicando 26

Unidade 2 — A orquestra e seus instrumentos 30

Capítulo 1: Orquestra 32
No passado 32
No presente 33
Características da orquestra 34
Conheça os artistas – Ligia Amadio e João Carlos Martins 37
Capítulo 2: Instrumentos de uma orquestra 38
Cordas 38
Mãos à obra 39
Madeiras 41
Mãos à obra 42
Metais 44
Mãos à obra 45
Percussão 46
Mãos à obra 48
Distribuição de instrumentos na orquestra 50
De olho na imagem 51
Conheça o artista – Edgar-Hilaire-Germain De Gas .. 51

8

UNIDADE 3 — Arte nas ruas 52

Capítulo 1: Arte em espaços públicos 54
Grafite 54
Estêncil 55
Mãos à obra 56
Instalação de arte 56
Projeções de vídeo 57
Arte de rua 3-D 58
Poesia 59
Bombardeio de fios 60
Teatro de rua 61
Flash mob 61
Estátua viva 62
De olho na imagem 64
Conheça o artista – Napoleon Potyguara Lazzarotto 64
• Para fazer com os colegas 65

UNIDADE 4 — Festas e ritmos regionais brasileiros 66

Capítulo 1: Lá vem o boi! 68
A cultura popular e as variações da festa do boi 69
Festival folclórico de Parintins 71
Mãos à obra 72
Canções para boi dançar 74
• Musicando 75
De olho na imagem 79
Conheça o artista – Candido Portinari 79
Mãos à obra 80

Capítulo 2: Samba, fandango e outros ritmos 83
A origem do samba 83
As variações do samba 84
Mãos à obra 86
De olho na imagem 87
As variações do fandango 88
Outros ritmos e danças populares 91
• Para fazer com os colegas 94
Vamos ler 95

UNIDADE 1
A arte e seus espaços

Teatro Carlos Gomes, Vitória (ES).

Museu de Arte de São Paulo (Masp), São Paulo (SP).

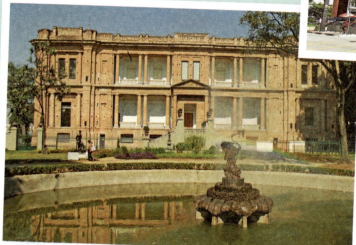
Pinacoteca do Estado de São Paulo, São Paulo (SP).

Museu de Arte Contemporânea de Niterói, Niterói (RJ).

Museu Afro-Brasileiro, Salvador (BA).

Ateliê e galeria de arte Luz do Sol, Cachoeira (BA).

Museu da Inconfidência, Ouro Preto (MG).

Museu Brasileiro do *Surf*, Santos (SP).

Converse com os colegas.

1. Quais são os locais mostrados nas fotos?
2. Você sabe para que eles servem?
3. Você já visitou algum desses lugares?
4. Na cidade onde você vive existem espaços como esses?

CAPÍTULO 1 Museus

A arte pode ser encontrada em praças, igrejas, estações de metrô. Mas há espaços construídos especialmente para conservar obras de arte e também mostrá-las ao público, como museus e galerias. Por meio de suas coleções, os museus ajudam a contar a história de países e cidades onde estão localizados.

Os museus podem apresentar coleções de obras de arte antigas e contemporâneas.

Conservar: cuidar de; proteger.
Contemporâneo: que é do tempo atual.

Professora dá explicações para um grupo de alunos sobre quadros antigos expostos no Museu de Arte de Tretyakov, Rússia.

A artista plástica Toshiko Horiuchi MacAdam produz com a técnica do crochê enormes esculturas-*playground*, como esta no Museu de Arte Hakone, no Japão. Nela, as crianças podem balançar, pular e rolar.

Os museus também podem ter coleções ou peças ligadas à cultura, ciência e arqueologia de um país ou cidade. Observe.

No Museu de Bonecos de Olinda (PE), são exibidos bonecos usados em desfiles de Carnaval.

No Museu de Ciências de Londres, Inglaterra, há uma grande coleção de meios de transporte antigos, como carros e aviões.

Réplicas de dinossauros expostos no Museu de Paleontologia da Universidade Regional do Cariri, Ceará. Em primeiro plano há um *Santanaraptor placidus*, ao centro um *Angaturama limai* e acima um pterossauro.

Em galerias, podemos encontrar tanto obras de arte mais antigas quanto as que acabaram de ficar prontas.

Nesses espaços culturais, os visitantes podem comprar os objetos que estão expostos.

Uma exposição de arte moderna na Galeria Fisherman's Wharf, na área portuária da cidade de São Francisco, EUA.

A Galeria de arte Hof de Bangcoc, Tailândia, faz exposições de obras de arte de artistas que estão começando a carreira.

Nos teatros acontecem espetáculos teatrais, de ópera, de dança e de música.

Ópera: espetáculo que conta uma história por meio da música, do teatro e da dança, mas em geral sem partes faladas.

Apresentação da ópera *A flauta mágica*, no 19º Festival Amazonas de Ópera, Teatro Amazonas, Manaus (AM).

A banda britânica de *folk rock* Mumford & Sons toca no Teatro Auditório Fillmore, Denver, EUA.

Espetáculo de um conjunto ucraniano de músicas folclóricas. Teatro Estatal de Dnipro, Ucrânia.

Nos museus de arte podemos encontrar obras de diferentes artistas, épocas e lugares. O conjunto de obras de arte de um museu chama-se acervo.

Além disso, nos museus há exposições permanentes, que são feitas com as obras que fazem parte do acervo.

Também podem ser feitas exposições temporárias. Nesse caso, o museu recebe obras de colecionadores, de artistas ou de outros museus para expor durante certo período.

Obras em exposição permanente no Museu de Arte de São Paulo (Masp), São Paulo (SP).

Às vezes, por falta de espaço ou por outros motivos, as obras do acervo não são expostas. Então, elas ficam guardadas em uma sala especial. Essas obras formam a reserva técnica de um museu.

Profissionais de um museu

Há muitos profissionais que trabalham em um museu. Cada um é responsável por certas atividades.

O **diretor**, entre outras atribuições, busca patrocinadores e estabelece contato com outras instituições para trazer obras de arte de diversos locais e países para serem expostas no museu em que trabalha.

Reserva técnica do Museu do Paraná (PR).

Patrocinador: pessoa, empresa ou instituição que favorece ou apoia uma atividade, um projeto.

Na foto a seguir, a equipe de trabalhadores da Academia de Belas-Artes da Filadélfia, nos Estados Unidos, instala uma tela do pintor John Singer Sargent, emprestada do Museu Imperial de Guerra, de Londres, para uma exposição.

Transportar uma obra de arte de um museu para outro requer muitos cuidados.

Nos museus, também há **curadores** que, além de outras atividades, organizam as obras do museu e as exposições, promovem atividades culturais e cuidam da segurança do acervo.

Andrea Mosconi, curador do Museu Estradivariano de Cremona, Itália, toca um violino estradivário em uma das salas do museu.

Em alguns museus, há **monitores** que são responsáveis por guiar os visitantes, esclarecendo fatos importantes e interessantes sobre as obras expostas.

Monitora-chefe do Museu Ksenia Chudakova, de São Petersburgo, Rússia, explicando para os visitantes sobre a coleção de documentos.

Os **restauradores** são profissionais que cuidam da limpeza e da manutenção das obras. Em alguns museus, há salas especialmente equipadas para o trabalho desses profissionais.

Restauradora do Museu do Louvre, França, fazendo reparo na tela *Madona e a Criança com Santo Estéfano, São Jerônimo e Santo Maurício*, de Ticiano Vecelli, pintada em 1520.

Restaurador do Museu da Ópera de Duomo, Itália. Ele está consertando uma trinca da escultura de madeira intitulada *Madalena penitente*, do escultor Donatello, esculpida entre os anos 1453 e 1455.

Converse com os colegas e, depois, registre suas respostas.

1. Do trabalho dos profissionais de museu que você viu, qual achou mais interessante? Por quê?

   _____
   _____
   _____

2. Você acha que o trabalho desses profissionais é importante? Explique sua resposta.

   _____
   _____

Organize seus pensamentos antes de falar ou escrever! Capriche na hora de explicar suas ideias.

CAPÍTULO 2

Teatros

A palavra teatro vem da palavra grega *theatron*, que significa "local onde se vê". Foi na antiga Grécia que surgiu o teatro como o conhecemos.

Nessa época, os teatros eram construídos ao ar livre, nas encostas de montanhas, de maneira a proporcionar boa acústica. Os teatros eram divididos em: **plateia**, local de onde as pessoas assistiam ao espetáculo; **orquestra**, local onde músicos e dançarinos atuavam; ***skené***, local onde os atores mudavam de roupa; **proscênio**, o palco.

Acústica: conjunto de qualidades de um local que permite que as pessoas percebam bem os sons.

Escadaria de acesso

Orquestra

Plateia

Ruínas do Teatro Odeon, em Atenas, Grécia. Toda a estrutura desse teatro foi construída em pedra, entre os anos 161 e 174. Atualmente, ele é usado para *shows* de vários tipos.

Teatro Municipal de Ouro Preto

O Teatro Municipal de Ouro Preto, em Minas Gerais, foi o primeiro teatro construído no Brasil. Ele foi inaugurado em 1770 com o nome de Casa da Ópera.

Esse espaço recebeu vários artistas famosos, mas durante muito tempo ficou fechado e sem manutenção.

Em 2006, foi iniciada a restauração completa do edifício. Um ano depois, a Casa da Ópera foi reaberta ao público com o nome de Teatro Municipal de Ouro Preto.

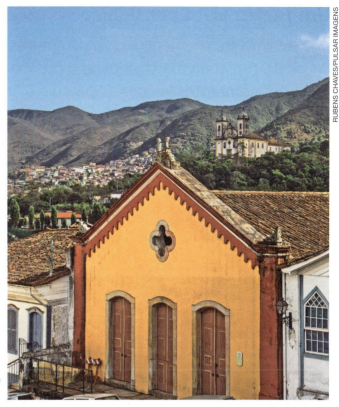

Fachada do Teatro Municipal de Ouro Preto (MG), o primeiro do Brasil.

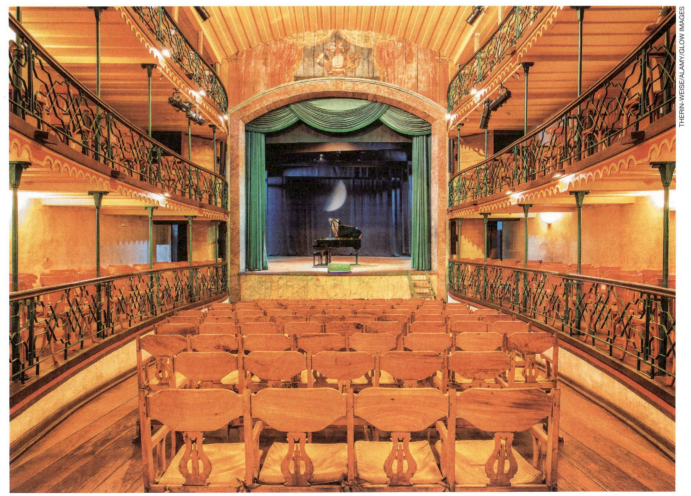

Interior do Teatro Municipal de Ouro Preto (MG).

Um teatro visto por dentro

Geralmente, um teatro é dividido em três partes principais: plateia, palco e camarim. A **plateia** é o lugar onde o público permanece sentado. Alguns teatros possuem **camarotes** laterais. O **palco** é o lugar onde os artistas apresentam o espetáculo. A parte da frente do palco é conhecida como boca de cena.

Nas laterais do palco ficam as **coxias**, onde os atores aguardam o momento de entrar em cena, longe do olhar do público. As coxias geralmente são separadas do palco por cortinas.

O camarim é o lugar onde os artistas se preparam para entrar em cena. Ali eles se vestem e fazem a maquiagem.

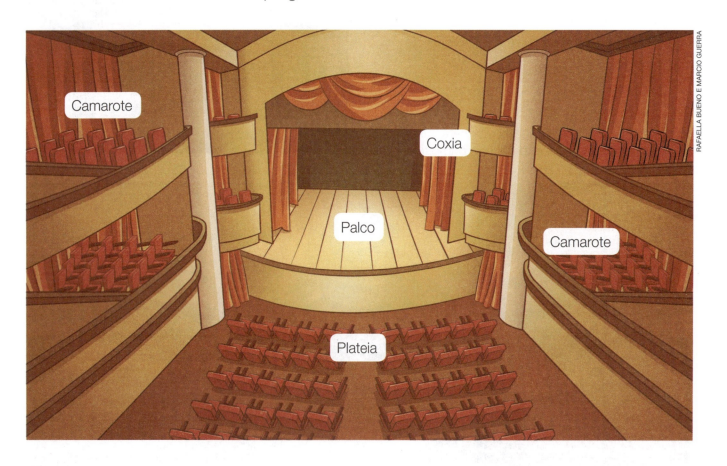

Converse com os colegas e, depois, registre suas respostas.

1. Você já assistiu a algum espetáculo de teatro? Se sim, qual? Gostou?

_____
_____
_____
_____

2. Atualmente, como os atores conseguem ser vistos e ouvidos em espaços grandes?

_____

_____

_____

  3. Faça um desenho mostrando você no palco, caso prefira ser ator, ou na plateia, caso prefira assistir a um espetáculo.

 Seja criativo! Invente, use sua imaginação.

Aventura no museu

Os espaços culturais foram e são temas de filmes.

No filme *Uma noite no museu*, a personagem Larry Daley arranja um emprego como segurança no Museu Americano de História Natural.

Em seu primeiro dia de trabalho, ele descobre que coisas estranhas acontecem à noite naquele lugar: fósseis de dinossauros e estátuas ganham vida e ele precisa descobrir uma maneira de resolver os problemas que eles causam.

> **Fósseis:** vestígios de animais e vegetais, como ossos, conchas, dentes e pegadas, que são encontrados em rochas muito antigas.

Nesta cena do filme *Uma noite no museu*, Larry foge do esqueleto de um tiranossauro.

Converse com os colegas e o professor.
1. Você já assistiu a esse filme?
2. Além do cinema, que outra arte poderia tratar do tema fósseis?

24

Música sobre fósseis

Observe a capa de um programa para a apresentação da obra *Carnaval dos animais*, de Camille Saint-Saëns. Essa obra é composta de várias peças musicais, uma delas chamada "Fósseis".

> **Programa:** publicação onde são apresentados detalhes de um espetáculo.
>
> **Peça:** parte de uma obra musical que tem existência própria.

Converse com os colegas e o professor.

1. Nessa capa de programa há algum fóssil?
2. Ouça a peça musical intitulada "Fósseis".

Áudio
Carnaval dos animais, de Camille Saint-Saëns, "Fósseis"

Conheça o artista

Charles-Camille Saint-Saëns nasceu em Paris, França, em 1835 e com 10 anos de idade já compunha músicas. Apresentou o primeiro recital de piano aos 11 anos e começou a estudar no conservatório musical de Paris aos 13 anos. Saint-Saëns foi organista, pianista e maestro, além de ser cenógrafo. Faleceu em 1921.

Musicando

Estes instrumentos foram usados para tocar a peça "Fósseis", de Camile Saint-Säens.

Leia o nome deles e ouça o som que produzem.

Áudio
Clarinete, xilofone, piano, contrabaixo

Clarinete.

Xilofone.

Piano.

Contrabaixo.

Converse com os colegas e o professor.

- O som de um desses instrumentos foi usado por Saint-Säens para representar na música os ossos dos fósseis chacoalhando enquanto se movimentam. Qual é o instrumento? Por que ele foi escolhido?

Sons fortes ou fracos

Os sons são produzidos por vibrações. As vibrações são movimentos rápidos de vaivém que ocorrem em um objeto ou instrumento quando ele é tocado ou agitado.

As vibrações se espalham no ar em forma de ondas sonoras e são captadas por nossas orelhas.

Os sons têm **intensidade**, isto é, podem ser fortes ou fracos, de acordo com a energia de vibração da onda sonora.

Essa propriedade do som é causada pela pressão que a onda sonora exerce sobre nossas orelhas.

Vamos testar?

1. Ouça estes sons e classifique-os de acordo com a legenda correspondente.

A Forte   **B** Fraco

☞ Áudio
Áudio 1, Áudio 2, Áudio 3, Áudio 4, Áudio 5, Áudio 6

☐ Áudio 1.   ☐ Áudio 2.   ☐ Áudio 3.

☐ Áudio 4.   ☐ Áudio 5.   ☐ Áudio 6.

2. Leia a legenda e observe as imagens. Depois, classifique cada uma delas pintando nos quadrinhos a bolinha correspondente ao som que está sendo emitido.

a)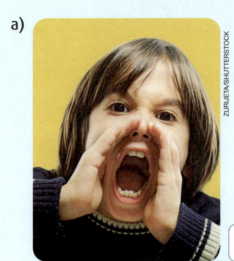

b)

3. Agora, leia as informações, observe as imagens e ouça os áudios. Depois, classifique o som que cada um destes dinossauros provavelmente emitia. Use um dos símbolos ● ou ·.

Áudio
Tiranossauro rex, troodonte

O Tiranossauro era um carnívoro bípede que viveu milhões de anos atrás.

Tinha em torno de 6 metros de altura e pesava cerca de 10 toneladas.

O Troodonte era um carnívoro bípede que viveu milhões de anos atrás.

Tinha em torno de 1 metro e meio de altura e pesava cerca de 40 quilogramas.

28

4. Observe cada ilustração e leia as legendas. Depois, classifique cada uma delas com ⬤ ou •.

Bater o pé com força.

Bater com o dedo na palma da mão.

Gritar.

Bater palmas.

Assoprar uma flor.

Apitar.

5. Observe a imagem de cada quadro. Elas mostram como podemos fazer alguns sons com nosso corpo.

a) Você sabe o nome que damos a esse tipo de percussão feita no próprio corpo?

_____

b) Tente reproduzir o som representado na imagem de cada quadro, obedecendo à ordem indicada pelas setas. Você pode fazer sons fortes e sons fracos.

UNIDADE 2
A orquestra e seus instrumentos

Converse com os colegas.

1. Você sabe o nome dos instrumentos musicais desta foto?
2. Você já viu algum deles ser tocado por um músico?
3. Você gostaria de tocar algum desses instrumentos? Se sim, qual?

CAPÍTULO 1 Orquestra

No passado

A palavra orquestra vem da palavra grega *orkhestra*, que no antigo teatro grego indicava o espaço usado pelos dançarinos e músicos.

Naquela época, não havia tantos músicos nem a variedade de instrumentos que fazem parte das orquestras atuais.

Macron. *Kylix* grego (detalhe), cerca de 470 a.C. Cerâmica pintada na técnica de figuras vermelhas sobre fundo preto. Altura: 15 cm. Coleção particular.

Nesse detalhe da parte externa de um *kylix*, que é um tipo de taça, foram pintadas pessoas dançando e tocando instrumentos no espaço da orquestra.

Restaram poucos instrumentos musicais daquela época. A partir de pinturas, como a desse *kylix*, foram reconstruídos modelos de instrumentos musicais, como a lira da foto ao lado.

Reconstrução de lira grega. Lã, metal e carapaça de tartaruga, sem dimensões. Museu da Civilização Romana, Roma, Itália.

32

No presente

Atualmente, chamamos de orquestra um grupo de músicos e seus instrumentos. Há tipos diferentes de orquestra. Por exemplo, uma orquestra grande, formada por 50 a 100 instrumentistas, pode ser chamada de orquestra sinfônica ou de orquestra filarmônica, e ela geralmente executa música clássica.

> **Música clássica:** estilo musical do final do século 18 e início do século 19. Nesse estilo incluem-se as sinfonias, as óperas, as sonatas.

Orquestra Amazonas Filarmônica, de Manaus (AM), em apresentação no Theatro da Paz, durante o Festival Música na Estrada, em Belém (PA).

Existem também orquestras formadas por poucos instrumentos ou apenas por um tipo de instrumento, como a Orquestra Nzinga de Berimbaus, de São Paulo.

Orquestra Nzinga de Berimbaus, do Grupo Nzinga de Capoeira Angola, durante apresentação no Festival Latinidades, em Brasília (DF).

33

Características da orquestra

A imagem a seguir mostra uma apresentação da Orquestra Sinfônica Brasileira.

Criada em 1940 no Rio de Janeiro, foi a primeira orquestra nacional a se apresentar em outros países com o objetivo de tornar conhecida a música brasileira de concerto.

Orquestra Sinfônica Brasileira (OSB), regida pelo maestro Roberto Minczuk, realiza um concerto no Theatro Municipal do Rio de Janeiro (RJ).

Para tocar em uma orquestra, é preciso ter formação musical. Geralmente, o músico começa a estudar ainda criança em escolas especializadas.

No vestibular para o curso de música, além da prova com questões do currículo básico do Ensino Médio, há uma prova de habilidades específicas em música.

Nessa prova, são avaliadas as habilidades musicais dos alunos e os conhecimentos teóricos de música deles.

Assim, o aluno tem de tocar ou cantar um trecho musical e, às vezes, precisa criar uma frase musical com base em elementos fornecidos pelos avaliadores.

Para exercer a profissão de músico não é necessário ter curso superior. Porém, a Lei nº 3.857, de 1960, exige que o músico tenha carteira profissional da Ordem dos Músicos do Brasil (OMB) se quiser se apresentar ou dar aulas em cursos de Ensino Superior ou em conservatórios.

Outro profissional que trabalha em orquestras é o maestro ou a maestrina, que também são chamados de regente.

É o maestro quem seleciona o repertório, conduz os ensaios e faz a regência durante as apresentações.

Orquestra Bachiana Filarmônica, regida pelo maestro João Carlos Martins, em apresentação na Catedral da Sé (SP).

Na apresentação, o maestro fica em cima de um pódio, de costas para o público e de frente para a orquestra, para ser visto por todos os músicos.

Conservatório: estabelecimento onde se ensina música.
Repertório: conjunto de músicas interpretadas ou executadas pela orquestra.

Para reger a orquestra, o maestro faz movimentos com as mãos. Com a mão direita, geralmente segurando uma batuta, ele marca o tempo de cada frase musical e indica a qualidade do som, suavizando-o ou agitando-o. Com a mão esquerda, sinaliza a entrada e o corte de cada instrumento e as variações de intensidade sonora.

Converse com os colegas e, depois, registre suas respostas.

1. No mundo todo, há mais profissionais maestros que maestrinas. Por que isso acontece?

   _____
   _____
   _____
   _____
   _____
   _____

Faça perguntas!
Não esconda suas dúvidas nem curiosidades. Pergunte sempre.

2. Existe uma orquestra onde você vive? Se sim, que tal planejar uma entrevista com o regente ou com um dos músicos?

   a) Sugerimos algumas perguntas que podem ser feitas para o entrevistado.
   - ✔ Antes de escolher ser maestro (ou músico), que profissão pretendia seguir?
   - ✔ Como se interessou pela música como profissão?
   - ✔ Quantos anos estudou para ser músico?
   - ✔ Que instrumentos você toca?
   - ✔ Você gosta do que faz?

   b) Acrescentem outras perguntas sobre assuntos que vocês gostariam de saber.

   _____
   _____
   _____
   _____
   _____

Conheça os artistas

A maestrina paulistana Ligia Amadio nasceu em 1964 e é uma das mais destacadas regentes de orquestra da atualidade.

Aos 5 anos de idade ela já queria estudar piano. Mas, quando chegou à faculdade, cursou engenharia.

Foi apenas quando entrou para o Coral da Universidade de São Paulo (USP) que concluiu que sua verdadeira vocação era a música e começou uma nova faculdade.

Para tornar-se regente, ela estudou na Universidade de Campinas (Unicamp), no interior do estado de São Paulo. Também foi aluna de importantes maestros brasileiros, como Eleazar de Carvalho.

No Brasil, Ligia Amadio foi a primeira mulher a reger orquestras importantes, como a Orquestra Sinfônica da Universidade de São Paulo, a Orquestra Sinfônica Nacional e a Orquestra Sinfônica Municipal de Campinas.

O pianista, maestro e diretor artístico João Carlos Martins é um dos nomes mais importantes da música no Brasil. Nasceu em 1940 na cidade de São Paulo (SP).

Começou a estudar piano na infância e, aos 13 anos de idade, iniciou a carreira de pianista. Aos 18 anos, já era conhecido no exterior.

Aos 26 anos, sofreu uma lesão no braço e ficou sem tocar por sete anos. Aos 55, foi ferido em um assalto e ficou com o lado direito do corpo paralisado.

Encerrou a carreira de pianista aos 63 anos de idade. Então, foi estudar regência e fundou a Orquestra Filarmônica Bachiana Jovem.

Instrumentos de uma orquestra

A orquestra é formada por uma variedade de instrumentos que são organizados em famílias.

A seguir, leia sobre cada uma dessas famílias.

Cordas

Na família das cordas há os seguintes instrumentos: violino, viola, violoncelo, contrabaixo, harpa e piano.

O **violino**, a **viola**, o **violoncelo** e o **contrabaixo** têm um braço e quatro cordas.

Essas cordas são friccionadas por um arco para produzir som.

As cordas desses instrumentos em geral são feitas de aço, latão ou fios de náilon.

O arco do violino é de madeira e tem cerdas esticadas, feitas com pelos de rabo de cavalo ou com fios de náilon.

O **piano** tem o som produzido por peças de madeira chamadas martelo.

Os martelos são acionados pelo teclado e batem em cordas esticadas. Ao serem atingidas, as cordas vibram e produzem som.

A **harpa** é um instrumento com formato que lembra um triângulo e que tem cordas de diferentes tamanhos esticadas em um suporte. Ela emite som ao ter suas cordas beliscadas por um músico.

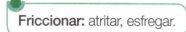

Friccionar: atritar, esfregar.

Piano.

Harpa.

Da esquerda para a direita: violino, viola, violoncelo, contrabaixo e arco.

Mãos à obra

Que tal produzir um instrumento de cordas com caixa de sapatos e elásticos de várias espessuras?

Materiais

- 5 elásticos de borracha de várias espessuras
- 2 lápis de carpinteiro sem ponta
- Caixa de sapatos com tampa solta
- Cola branca
- Fita adesiva larga
- Régua
- Tesoura com pontas arredondadas
- Lápis grafite
- Pedaço de papelão do tamanho da tampa da caixa

Como fazer

1

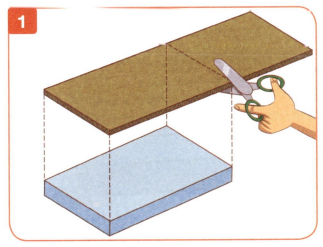

Recorte o papelão do tamanho da tampa da caixa.

2

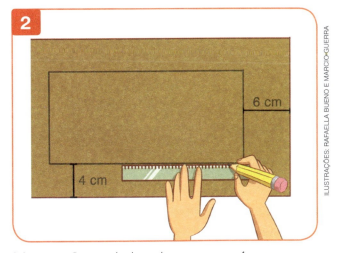

Marque 6 cm da borda menor e 4 cm da borda maior e trace um retângulo.

39

3

Recorte o retângulo que você traçou e corte os elásticos em uma das dobras.

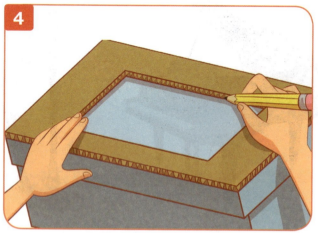

4

Coloque a peça recortada sobre a tampa da caixa e trace o contorno do retângulo sobre ela. Recorte o retângulo da tampa da caixa.

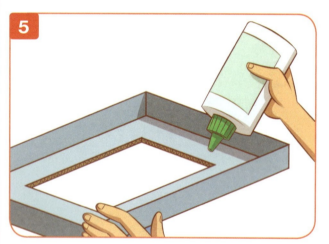

5

Cole o papelão dentro da tampa e espere secar.

6

Seu professor vai fazer 5 furos ao longo dos dois lados menores da tampa.

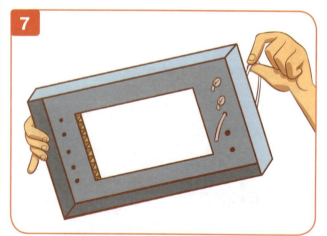

7

Passe a ponta de cada elástico pelos furos. Dê um nó e o envolva com fita adesiva até que ele não saia pelo furo. Repita o procedimento no outro lado da tampa.

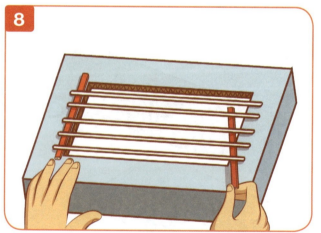

8

Agora, coloque os lápis de carpinteiro entre a tampa e os elásticos, como mostrado na imagem.

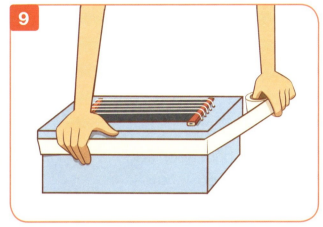
Coloque a tampa na caixa e prenda-a com fita adesiva.

Pronto, seu instrumento já pode ser testado!

Madeiras

A família das madeiras é formada por instrumentos de sopro. Seus integrantes principais são a **flauta**, o **oboé**, o **clarinete** e o **fagote**.

Como no passado esses instrumentos eram feitos de madeira, o nome dessa família ficou assim, mas atualmente alguns deles são feitos de metal e de materiais sintéticos.

Nesses instrumentos, os sons são produzidos pelo sopro do músico, que faz vibrar uma palheta. Essa palheta pode ser feita de bambu ou de material sintético ou, no caso da flauta, penetra no corpo do instrumento através de um orifício oval.

Da esquerda para a direita: flauta, oboé, clarinete e fagote.

Mãos à obra

Que tal agora produzir um instrumento de sopro feito de tubo de papelão? Então, siga o roteiro.

Materiais

- Tubo de papelão
- Canudo de plástico
- Balão de festa
- Fita adesiva fina
- Lápis preto bem apontado
- Caneta hidrocor
- Tesoura com pontas arredondadas

Como fazer

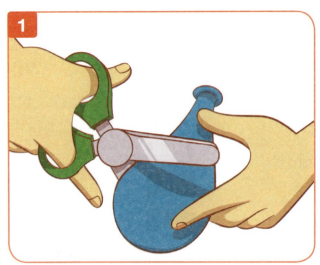

1. Corte o balão pela metade.

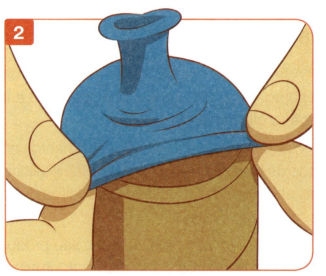

2. Cubra uma das pontas do tubo de papelão com a parte de assoprar do balão cortado.

3. Prenda o balão com a fita adesiva, passando-a ao redor do tubo.

4. Usando a caneta hidrocor, marque seis furos ao longo do tubo, seguindo uma linha reta.

Com o lápis, fure o tubo nas partes marcadas.

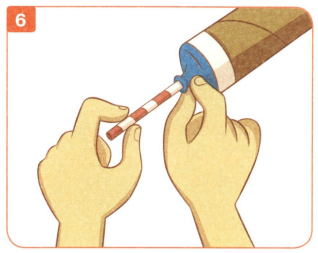

Coloque uma das pontas do canudo dentro da ponta do balão.

Una o canudo e a ponta do balão com fita adesiva para o ar não sair.

Cubra a maioria dos furos com os dedos e sopre a ponta do canudo.

Depois, experimente soprar cobrindo e descobrindo os furos.

Metais

A família dos metais é formada por instrumentos de sopro cujo som é produzido devido à vibração dos lábios no bocal.

Seus integrantes principais são a trompa, o trompete, o trombone, a tuba.

Os instrumentos de metal são tubos de comprimentos e espessuras variados. As diferentes intensidades de sons que emitem ao ser soprados variam de acordo com o tamanho do instrumento.

Em uma das extremidades do instrumento fica a campânula e, na outra, o bocal. Os tubos que formam o corpo do instrumento são enrolados para facilitar seu manuseio.

O **trombone** tem um mecanismo chamado vara, que é móvel e pode ser esticada para gerar sons graves ou agudos, longos ou curtos.

No caso da **trompa**, do **trompete** e da **tuba**, há um sistema com três pistões que são acionados para gerar sons graves ou agudos.

Da esquerda para a direita: trompa, trompete, trombone e tuba.

Mãos à obra

Agora, você vai construir um instrumento cujo som lembra o dos instrumentos de metal. Você pode decorá-lo com adesivos ou fita adesiva colorida.

Materiais

- Um metro de mangueira
- Um funil de plástico
- Fita adesiva
- Tesoura com pontas arredondadas

Como fazer

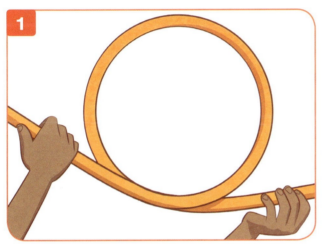

Enrole a mangueira, dando uma volta.

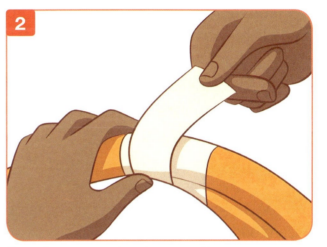

Prenda o encontro dessa volta com fita adesiva.

Encaixe o bocal do funil em uma das pontas da mangueira e passe a fita adesiva para unir os dois.

Assopre a ponta da mangueira para testar sons diferentes.

É preciso assoprar esse instrumento com os lábios quase fechados e soltos, como se faz para assoprar uma vuvuzela, e tentar várias vezes até conseguir tirar som dele.

Percussão

A família da percussão é formada por instrumentos que, para produzir sons, precisam ser percutidos (batidos), agitados, raspados ou friccionados.

A vibração do próprio instrumento ou de uma membrana esticada e fixada nele faz com que sons sejam emitidos.

Essa família tem instrumentos de formatos e tamanhos diferentes. Seus integrantes principais em uma orquestra são: tímpano, xilofone, tarola, bumbo, pratos, carrilhão.

O **tímpano** é um tambor que tem o corpo feito de cobre com uma membrana de plástico ou de couro esticada sobre ele. É percutido com baquetas com bola de tecido nas pontas.

O **xilofone** é um instrumento feito com placas de madeira.

Para ampliar o som que ele produz, embaixo das placas são colocadas caixas de ressonância. Para percuti-lo, também se usam baquetas.

A **tarola** é um tambor que possui membranas de plástico ou couro na parte de cima e na parte de baixo. Ela é percutida com baquetas de madeira.

O **bumbo** é um grande tambor que possui membranas de plástico ou couro na parte de cima e na parte de baixo.

Ele pode ser percutido tanto com baquetas de madeira quanto com vassourinhas de metal.

Os **pratos** são feitos de metal e percutidos golpeando-os um contra o outro.

46

O **carrilhão** é um instrumento formado por longos cilindros de metal que são percutidos na parte de cima com pequenos martelos, geralmente com cabeça de plástico.

Tímpano.

Bumbo.

Tarola.

Carrilhão.

Xilofone.

Mãos à obra

A seguir, observe como fazer alguns instrumentos de percussão. Escolha um deles para construir e decore-o colando figuras recortadas de revistas, usando fita adesiva colorida ou da forma que achar mais interessante.

Materiais para tambores e baquetas

- Latas de diversos tamanhos, limpas e sem rebarba, com ou sem tampa
- Tesoura com pontas arredondadas
- 8 palitos de churrasco
- 2 folhas de papel sulfite usadas ou 2 pedaços de jornal do tamanho das folhas de sulfite
- Fita adesiva

Como fazer

Use o fundo das latas para tocar; o tamanho de cada lata é que vai determinar o tipo de som do instrumento.

Você também pode usar as latas tampadas, tanto com as tampas de plástico quanto com as de metal. Isso mudará o som que elas emitem. Para fazer as baquetas, siga estas orientações.

1. Junte dois palitos de churrasco e prenda-os com a fita adesiva nas pontas. Repita essa operação com os outros palitos.

2. Cubra as duplas de palitos com a fita adesiva, pois eles soltam farpas que podem espetar os dedos.

Pronto, agora você tem uma dupla de baquetas. Uma delas será usada da maneira como está, e a outra receberá uma bolinha em cada ponta.

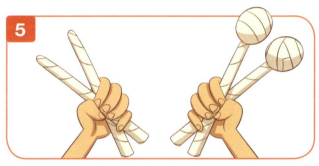

Amasse o papel sulfite ou o jornal formando uma bolinha. Com fita adesiva, prenda cada uma dessas bolinhas na ponta mais fina dos palitos encapados.

Cubra a bolinha e parte do palito com fita adesiva para prender bem a bolinha no palito.

Agora você tem uma dupla de baquetas simples e uma dupla de baquetas com bolinhas nas pontas.

Experimente tocar os tambores com as baquetas simples e com as bolinhas para verificar o som que produzem.

Materiais para chocalhos

✔ Embalagens plásticas pequenas
✔ Um punhado de grãos de arroz
✔ Um punhado de grãos de feijão
✔ Fita adesiva
✔ Tesoura com pontas arredondadas

Como fazer

Escolha duas embalagens e coloque o arroz em uma delas e o feijão na outra. Tampe-as. Se usar embalagem sem rosca na tampa, prenda a tampa com fita adesiva. Agora é só testar seus chocalhos.

Distribuição de instrumentos na orquestra

Observe a distribuição das famílias de instrumentos em uma orquestra.

🗨 Converse com os colegas.
- Por que em uma orquestra os instrumentos – e os músicos que os tocam – são organizados como na figura desta página?

De olho na imagem

Observe uma tela em que o artista retratou músicos de uma orquestra tocando durante um espetáculo de dança.

Edgar Degas. *Orquestra de ópera*, 1868-1869. Óleo sobre tela, 56,5 x 46 cm. Museu d'Orsay, Paris, França.

Converse com os colegas. Depois, registre suas respostas.

1. Que famílias de instrumentos foram retratadas?

_____

_____

2. Você sabe o nome de algum desses instrumentos?

_____

Aproveite o que já sabe!
Use o que aprendeu até hoje para resolver essa questão.

Conheça o artista

O artista francês Edgar-Hilaire-Germain De Gas, ou apenas Degas, como ficou conhecido, nasceu em Paris, na França, em 1834. Foi pintor, escultor, fotógrafo e retratou, entre outras coisas, o mundo das artes: bailarinas, atores, cantores e músicos. Faleceu em 1917.

51

UNIDADE 3
Arte nas ruas

Artistas do Festival Estátua Viva se apresentam no Parque Municipal Roberto Mário Santini, Praia José Menino, Santos (SP).

Converse com os colegas.

1. Você já viu nas ruas de seu bairro ou de sua cidade alguém caracterizado como as pessoas desta foto?
2. Por que os artistas que se caracterizam como os da foto são chamados de estátuas vivas?
3. Será que é fácil atuar como estátua viva? Explique sua resposta.

Arte em espaços públicos

Não é só nos museus que encontramos arte. Andando pelas ruas da cidade, podemos entrar em contato com diversas manifestações artísticas: apresentações de dança, de música e de teatro; grafites nos muros e nas fachadas de prédios; estátuas nas praças. Esse tipo de arte é chamado de Arte de Rua ou *Street Art*.

Grafite

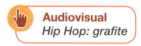

Grafite é uma arte que surgiu na década de 1970, na cidade de Nova York, nos Estados Unidos.

Os desenhos e pinturas são feitos sobre paredes e muros, ou mesmo em calçadas e ruas, e interferem na paisagem das cidades.

A imagem reproduzida a seguir tem como título *Casa alagada*. Foi criada por Binho Ribeiro, pioneiro da arte de rua no Brasil e na América Latina.

Binho Ribeiro. *Casa alagada* (detalhe). Tinta *spray* sobre muro. Bairro do Tucuruvi, São Paulo (SP).

54

Estêncil

Parecido com o grafite, esse tipo de técnica utiliza um molde feito com papel-cartão ou plástico encorpado, recortado e tinta *spray* ou tinta líquida aplicada com pincel, esponja, *spray* ou rolinho para fixar os desenhos em muros, postes, paredes.

Para reproduzir a imagem vazada no estêncil é preciso fixá-lo com fita adesiva em uma superfície e, depois, aplicar tinta sobre ele. Quando a tinta secar, o estêncil poderá ser removido.

Na parede desta casa, em Peniche, Portugal, aplicaram estêncil com a forma de gato nas cores preto e branco.

Mãos à obra

Para esta atividade você vai precisar de tinta guache, fita adesiva, um pratinho plástico, folhas de jornal, um copo plástico com um pouco de água, papel absorvente, luvas plásticas e um pedaço de esponja. Também vai precisar de uma cartolina.

Para seu trabalho com estêncil, utilize os moldes que estão nas páginas 101 a 107.

Instalação de arte

Pintura, escultura e diversos materiais podem ser usados juntos para modificar o espaço arquitetônico e propor discussões sobre vários assuntos. A instalação é uma forma de arte que permite que as pessoas participem da obra e interajam com ela.

Artista desconhecido. Instalação *Caranguejo louco*, 2015. Plásticos e resíduos plásticos recolhidos na praia de Forte Cochin. Altura: 3,40 m. Kerala, Índia.

Projeções de vídeo

Projeções de vídeo são formas de arte de rua. Nessa técnica de arte, são feitas projeções de vídeo em muros, estátuas ou paredes. Essas projeções formam imagens ou animações que mudam a aparência do local onde foram projetadas.

Observe a foto de um prédio público na Eslováquia durante o dia e outra foto do mesmo prédio à noite, recebendo uma projeção.

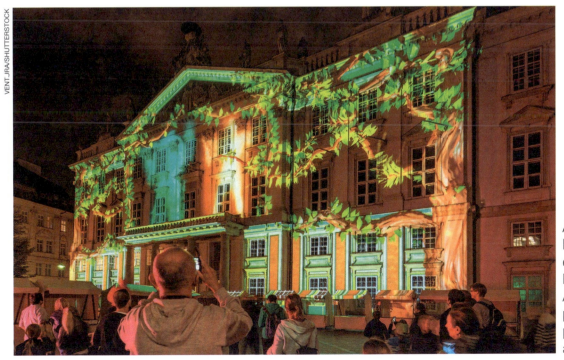

Acima, foto do Palácio do Primata, em Bratislava, Eslováquia.
Ao lado, o mesmo prédio durante uma projeção de vídeo, à noite.

Arte de Rua 3-D

Também chamada de Arte de Rua Tridimensional, esse tipo de arte surgiu na década de 1980, quando o artista plástico Kurt Wenner passou a registrar nas ruas, com giz ou tinta, imagens que, vistas de determinados ângulos, causavam a ilusão de serem "de verdade", surpreendendo as pessoas que passavam por elas.

Foto de pintura em 3-D em rua de comércio. Berlim, Alemanha.

Fotos de pintura em 3-D em rua de Almeri, nos Países Baixos. Na foto à direita, um turista interage com a pintura, criando a ilusão de que está montado na bicicleta pintada.

Poesia

Outro tipo de arte de rua é o registro de textos, principalmente poesia, em muros, paredes e postes. Observe um exemplo de José Datrino, conhecido como Profeta Gentileza.

A partir de 1980, José Datrino, o Profeta Gentileza, escolheu 56 pilastras do Viaduto do Caju, que vai do Cemitério do Caju até a Rodoviária Novo Rio, no Rio de Janeiro, e nelas registrou textos propondo uma alternativa para melhorar a convivência entre as pessoas.

As imagens acima mostram José Datrino e seus poemas e, ao lado, uma frase criada por ele.

Bombardeio de fios

Esse tipo de arte de rua faz intervenções nos espaços públicos, trazendo cor e alegria, pois enfeita estátuas, árvores e até meios de transporte com trabalho artesanal realizado com fios, como crochê e tricô.

Foto de polainas de tricô costuradas nas pernas da estátua de uma mulher em praça de Pizen, na República Tcheca.

Foto de bicicleta decorada com crochê em uma praça de Dublin, Irlanda.

Foto de troncos de árvores decorados com tricô em uma praça de Kaliningrado, Rússia.

60

Teatro de rua

O teatro de rua é um evento gratuito, aberto ao público e encenado em ruas, praças, calçadas e parques. O texto pode ser decorado ou improvisado, e o público pode fazer parte do espetáculo. Esse tipo de apresentação permite que pessoas que não têm acesso ao teatro possam apreciá-lo.

Cia. Novelo de Teatro apresenta uma adaptação da peça *Sonho de uma noite de verão*, de William Shakespeare, na praça do Centro Cultural Colorado Monteiro Lobato, em Suzano (SP).

Flash mob

Flash mob é a reunião de pessoas em determinado local para realizar dança coletiva, guerra de travesseiros ou outra forma de expressão.

Essa reunião é combinada com antecedência pela internet ou por outros meios digitais de comunicação social.

Em todo o mundo, no primeiro sábado do mês de abril, ocorre o *flash mob* chamado de guerra de travesseiros.

Flash mob: abreviação da expressão inglesa *flash mobilization*, que significa "mobilização rápida".

No Brasil, vários estados adotam esse *flash mob* com o lema "Guerra, só se for de travesseiros", para que as pessoas reflitam e protestem contra todas as formas de violência que o mundo vem enfrentando.

Guerra de travesseiros na Praça dos Heróis, em Budapeste, na Hungria.

Guerra de travesseiros na Praça Santos Andrade, em Curitiba (PR).

Estátua viva

É comum encontrarmos nas calçadas e praças das cidades atores fazendo uma *performance* artística chamada estátua viva ou estátua humana.

Esse tipo de *performance* era comum no antigo teatro grego, pois em determinadas peças os atores desempenhavam o papel de estátuas.

Performance: tipo de espetáculo em que o artista interpreta papel ou criação de sua autoria.

Caracterizado como se fosse uma estátua de bronze, de mármore ou de gesso, o artista fica sem se mexer por muito tempo.

O ator só se movimenta quando alguém interage com ele. Por isso, precisa ter muita concentração e resistência física.

Artista caracterizado de estátua viva em York, na Inglaterra.

Converse com os colegas. Depois, registre suas respostas.

1. Você já assistiu a algum espetáculo ao ar livre? Se sim, onde? Como foi?

_____
_____
_____
_____
_____

> **Organize seus pensamentos antes de falar ou escrever**
> Capriche na hora de explicar suas ideias.

2. Na sua cidade há lugares onde são apresentados espetáculos públicos e gratuitos? Se sim, quais?

_____
_____
_____
_____
_____

3. Caso haja apresentações desse tipo onde você mora, que tal registrar algum evento por meio de fotografias ou vídeos e mostrar aos colegas?

De olho na imagem

Em Curitiba, capital do estado do Paraná, há diversas obras de arte pelas ruas. Os painéis de azulejos pintados por Poty Lazzarotto são uma marca dessa cidade. Observe uma das obras desse artista.

Poty Lazzarotto. Execução de Adoaldo Lenzi. Sem título, 1993. Painel em azulejos, cerca de 12 metros de comprimento. Esse painel está situado na Travessa Nestor de Castro, no Largo da Ordem, em Curitiba. Ele relembra as antigas feiras do Largo da Ordem.

 Converse com os colegas.

1. Como será que o artista criou esse painel?

2. Em sua cidade, também há painéis como esse? Se sim, cite um deles e o local onde pode ser apreciado.

Painel: obra artística ou decorativa que recobre uma parede ou parte dela.

Conheça o artista

Filho de italianos, Napoleon Potyguara Lazzarotto nasceu em Curitiba, em 1924, e faleceu na mesma cidade em 1998. Conhecido como Poty Lazzarotto, foi ilustrador e artista plástico.

Há obras de Lazzarotto em diversas cidades do Brasil e do mundo, mas em Curitiba estão seus trabalhos mais famosos.

Para fazer com os colegas

Você e os colegas vão planejar e executar um *flash mob*. Ele deve ser organizado para surpreender a comunidade de sua escola: professores, colegas e profissionais que trabalham nela.

Materiais

- ✔ Celular ou câmera fotográfica para registrar o evento
- ✔ Espaço para ensaio

Como fazer

Vá com calma! Não tenha pressa. Reflita bem em como realizar a atividade da melhor maneira.

1. Reúnam-se e decidam que tipo de *performance* vão apresentar: dançar uma música com coreografia ensaiada; cantar uma canção da escolha de vocês, que deve ser alegre e conhecida por todos da sala; também pode ser um *flash mob* em câmera lenta, em que todos se movem devagar como se fossem robôs, ou um *flash mob* congelado, em que todos os participantes viram estátuas e congelam.

2. Verifiquem se há espaço na escola para o evento escolhido.

3. Um evento desse tipo deve ser rápido e divertir as pessoas.

4. Assistam a *flash mobs* na internet para que tenham ideia de como o evento é desenvolvido.

5. A apresentação deve ser bem planejada e ensaiada. Marquem reuniões dentro da escola, se possível durante as aulas de Educação Física, para ensaiar.

   Lembrem-se de que sempre deve haver um adulto acompanhando os ensaios.

6. Usem redes sociais, *e-mails* ou mensagens de celular para seus amigos e sua família convidando-os para a apresentação.

7. Verifiquem se alguém pode filmar o evento.

RAFAELLA BUENO E MARCIO GUERRA

65

UNIDADE 4
Festas e ritmos regionais brasileiros

Sônia Furtado. *Boi de Mamão*, 1995. Óleo sobre tela, 70 x 100 cm. Galeria Jacques Ardies, São Paulo (SP).

Converse com os colegas.

1. O que mais chamou sua atenção nessa imagem?
2. Qual festa está sendo representada?
3. Que personagens você acha que as pessoas fantasiadas estão representando?

67

Capítulo 1 — Lá vem o boi!

A festa folclórica do Boi de Mamão acontece em Santa Catarina. É a encenação de uma lenda sobre um rico fazendeiro que tinha um boi que sabia dançar.

Na fazenda, moravam vários trabalhadores, entre eles o casal Moreninha e Mateus.

Moreninha estava esperando bebê e ficou com vontade de comer a língua do boi dançarino.

De tanto ela pedir, Mateus matou o boi e deu a língua para Moreninha preparar e comer. Ele distribuiu o restante do animal para os outros trabalhadores, mas enterrou o rabo, o couro, a cabeça e os ossos no quintal de sua casa.

Quando o fazendeiro descobriu que seu boi favorito tinha desaparecido, pediu a seus vaqueiros e aos indígenas da região que procurassem pelo animal.

Os vaqueiros acabaram encontrando o rabo, o couro, a cabeça e os ossos enterrados na casa de Mateus e o prenderam.

Como o fazendeiro ficou muito triste com a morte do boi, um vaqueiro trouxe uma rezadeira que fez o boi voltar à vida.

O fazendeiro, então, perdoou Mateus e Moreninha, e todos foram convidados para uma festa em homenagem à volta do boi.

Converse com seus colegas. Depois registre suas respostas.

1. Em sua cidade, há uma festa parecida com a do Boi de Mamão? Se sim, como ela é chamada e em que mês acontece?

_____
_____
_____
_____

2. Como será que as fantasias dessas personagens da festa do boi são feitas?

_____
_____
_____
_____

A cultura popular e as variações da festa do boi

Cultura popular é o conjunto de costumes, lendas, provérbios e manifestações culturais de um povo.

Obras de arte e folguedos que têm o boi como tema são alguns exemplos de cultura popular.

Na abertura deste capítulo, você observou a representação de uma obra de arte que retrata a festa do boi em Santa Catarina, onde ela é chamada Boi de Mamão.

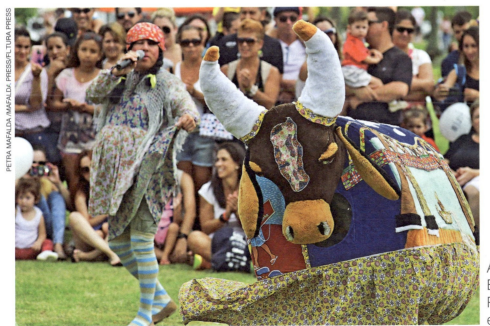

Folguedo: festa.

Audiovisual
Bumba Meu Boi

Apresentação do Boi de Mamão no Parque de Coqueiros, em Florianópolis (SC).

Essa festa recebe nomes diferentes em vários lugares do Brasil. É chamada de Bumba Meu Boi, nos estados do Maranhão, Rio Grande do Norte e Alagoas; de Boi-Bumbá, no Pará e Amazonas; de Boi-Janeiro, na Bahia; de Cavalo-Marinho, na Paraíba; de Bumba de Reis, no Espírito Santo.

A festa do boi sofreu várias influências: africana, vinda do boi de geroa; europeia, das touradas espanholas e festas portuguesas; e indígena.

Na festa do boi, há personagens que apenas mudam de nome de um estado do país para outro.

No Bumba Meu Boi, as personagens Moreninha e Mateus são chamadas de Catirina e Pai Chico.

Outras personagens são típicas do festejo de cada lugar. Em Santa Catarina, por exemplo, há a Bernúncia, que é um bicho-papão. E ainda existem outras personagens que fazem parte de várias festas do boi pelo Brasil, como a burrinha.

Assim, a festa do boi encena versões da mesma lenda.

Boi de geroa: cerimônia de culto ao boi dos povos africanos trazidos como escravos para o Brasil.

Burrinha: fantasia de cavalo ou burro pequenos.

A personagem Bernúncia engole crianças e as transforma em bernuncinhas. Florianópolis (SC).

Festival Folclórico de Parintins

A festa do boi é tão importante no Amazonas que, no estado, durante o mês de junho, é realizado o Festival Folclórico de Parintins.

Na cidade de Parintins há um bumbódromo, tipo de estádio aberto construído especialmente para o festival.

A diferença entre essa festa e as que ocorrem nos outros estados brasileiros é que nela há uma disputa entre dois bois: o Caprichoso, representado pela cor azul, e o Garantido, representado pela cor vermelha.

Durante o festival, a população da cidade se divide entre os que torcem para o boi azul e os que torcem para o boi vermelho.

Apresentação do boi Garantido, em Parintins (AM).

Converse com os colegas. Depois, registre sua resposta.
- Que outros tipos de eventos e festas você acredita que fazem parte da cultura popular?

Mãos à obra

Que tal fazer uma pesquisa sobre as festas folclóricas do lugar onde você mora? Para isso, siga o roteiro.

Ouça as pessoas com respeito e atenção! Reflita sobre o que está sendo dito.

Com os colegas de sala, faça uma pesquisa sobre as festas folclóricas que acontecem na cidade ou no estado onde mora.

Organizem-se em grupos e sorteiem uma festa para cada grupo.

Em grupo, façam uma pesquisa sobre a festa sorteada. Copiem as informações mais interessantes sobre a festa, inclusive o mês e o local em que ela acontece.

Lembrem-se de verificar se há variações da festa que estão pesquisando em outros lugares do Brasil.

Se possível, digitem o trabalho para distribuir uma cópia para os outros grupos.

Na data marcada pelo professor, apresentem suas descobertas para os outros grupos.

Canções para boi dançar

As canções que acompanham a festa do boi contam a história da lenda e reúnem vários estilos musicais brasileiros, como toadas e cantigas.

A seguir, colocamos dois trechos que são cantados na encenação do Boi de Mamão. Um trecho anuncia a morte do boi. O outro é cantado na entrada do cavalinho e na entrada da Bernúncia. Acompanhe a leitura dos textos, depois ouça os áudios.

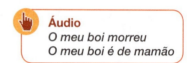

Áudio
O meu boi morreu
O meu boi é de mamão

O meu boi morreu

O meu boi morreu
Que será de mim?
Manda comprar outro, maninha
Lá no Piauí.

Da tradição popular.

O meu boi é de mamão

O meu boi é de mamão
É, sim, senhor
Ora, bumba meu boi
Lá vai o boi

(Refrão: repetir 2 vezes.)

Ó, meu cavalinho
Entra cá pra dentro
Que o dono da casa
Já te deu licença

(Refrão)

Ó, meu cavalinho
De sela amarela
Não namora as moças
Que elas são donzelas

(Refrão)

Brinca, Bernúncia, brinca
Ela brinca bem
Se não brincar direito
Ela aqui não vem

(Refrão)

Da tradição popular.

ALAN CARVALHO

- **Toada:** cantiga simples que geralmente tem refrão.
- **Donzela:** título que recebiam as filhas de nobres antes de se casarem.

Musicando

Estes instrumentos foram usados para tocar as canções do Boi de Mamão que você ouviu. Leia o nome deles e ouça o som que produzem.

Áudio
Viola caipira, maracás, pandeiro, triângulo, claves, sanfona

Viola caipira. Maracás. Pandeiro.

Triângulo. Claves. Sanfona.

 Converse com os colegas.

1. Os maracás são que tipo de instrumento musical?

2. Você já conhecia o som de uma viola caipira ou de uma sanfona? Se já conhecia, conte onde foi que ouviu esses sons.

A voz e suas possibilidades expressivas

Além da intensidade (sons fortes e sons fracos), os sons também têm altura. A altura é uma característica do som que permite classificá-lo como grave ou como agudo.

A altura do som é dada pela frequência da vibração da onda sonora, que pode ser mais rápida ou mais lenta.

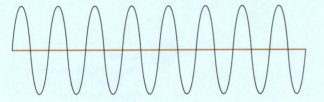

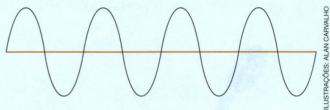

Um som com alta frequência, mais rápido, é chamado som **agudo**.

Um som com baixa frequência, mais lento, é chamado som **grave**.

ILUSTRAÇÕES: ALAN CARVALHO

Como nossa voz é um conjunto de sons produzidos por meio da vibração das pregas vocais, também podemos classificar as vozes em **graves** ou **agudas**.

Por exemplo, homens geralmente têm voz grave ("grossa"). Já a maioria das mulheres possui voz aguda ("fina"). Todas as crianças têm voz mais aguda.

Vamos testar?

1. Ouça estes áudios e classifique-os de acordo com a legenda correspondente.

Áudio
Áudios: 1, 2, 3, 4, 5, 6

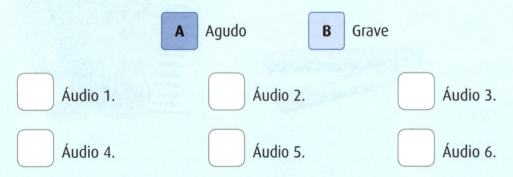

2. Os sons têm intensidade, isto é, podem ser fortes ou fracos, de acordo com a energia de vibração da onda sonora. E, para indicar **som forte**, usamos o sinal ⬤ e, para indicar **som fraco**, o sinal •. E o sinal N indica **silêncio**.

Agora, interprete com palmas ou instrumento musical de percussão as indicações de cada quadrinho das seguintes linhas.

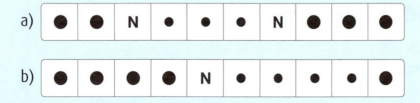

76

3. Observe as imagens, leia a legenda embaixo de cada uma delas e ouça os sons referentes a elas

Áudio
Som agudo, som grave

Agudo ⬚   Grave ⬚

Agora, ouça uma simulação do som de cada uma dessas imagens. No caderno, escreva o nome delas e classifique o som correspondente a cada uma, desenhando ⬚ ou ⬚ ao lado de cada nome.

Áudio
Locomotiva apitando, pássaro cantando, cabra balindo, motosserra funcionando, maracás tocando, elefante bramando

a)

b)

c)

d)

e)

f)

4. Com um colega, usem um instrumento de sopro para interpretar as indicações de sons agudos e um tambor ou outro instrumento de percussão para interpretar os sons graves de cada casa das linhas a seguir. Lembrem-se de que o símbolo ⬛ indica **som agudo** e o símbolo ⬛, **som grave**.

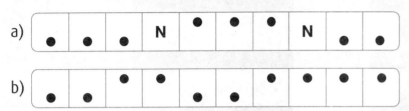

5. A Bernúncia, do Boi de Mamão, é uma personagem imaginária, mas sua tarefa será criar um som para dar voz a ela. Decida:

   a) A sua Bernúncia terá voz grave ou aguda?
   b) A voz dela parece com um piado de ave ou com o rugido de leão?
   c) Após decidir como será a voz dessa personagem, grave o som ou imite o que imaginou e mostre a "voz" de sua Bernúncia para os colegas.

6. Destaque seis adesivos das páginas 110 e 111 e cole três em cada coluna. Atenção para que correspondam ao que é indicado nas colunas.

Sons fortes	Sons fracos

De olho na imagem

Observe a reprodução de uma tela do pintor Candido Portinari, cujo tema foi a festa do boi.

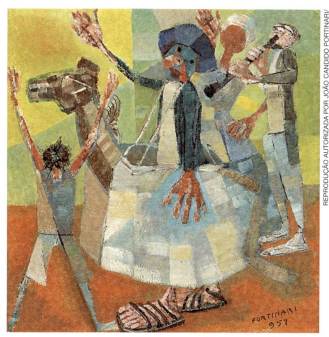

Candido Portinari. *Bumba meu boi*, 1959. Óleo sobre madeira, 32,5 x 32,5 cm. Coleção particular.

Converse com os colegas. Depois, registre suas respostas.

1. Quais personagens da festa do boi foram retratadas nessa imagem?

_____
_____
_____

2. É possível identificar o estado de origem da festa retratada? Explique.

_____
_____
_____

Conheça o artista

Filho de imigrantes italianos, Candido Portinari nasceu em Brodowski, interior de São Paulo, em 1903. Estudou na Escola de Belas-Artes do Rio de Janeiro e terminou seus estudos na Europa.

É um dos maiores artistas plásticos do Brasil e alcançou grande reconhecimento internacional. Faleceu em 1962.

Mãos à obra

Vamos produzir fantasias para fazer uma festa do boi na escola?

Para isso, escolham um dos festejos que acontecem no estado onde vocês moram.

Anotem ou imprimam uma versão da história que escolheram para contar. Ela será usada no final deste livro para a montagem da festa.

Verifiquem quais são as personagens bicho que escolheram: boi, cavalo ou burrinha, cabra, Bernúncia...

Depois, construam essas personagens com material reciclável. Sigam o roteiro.

Materiais

- Caixa grande, retangular, de papelão, sem o fundo e sem as abas
- Pedaços coloridos de papel ou de tecido
- Tesoura com pontas arredondadas
- Cola
- Garrafa PET de 3 litros, limpa
- Caixa de sapatos sem tampa
- Fita adesiva
- 2 metros de fitilho plástico
- 2 botões
- Tinta à base de resina PVA (opcional)
- Pincel
- Folhas de jornal

Como fazer

1. Decorem a caixa de acordo com a personagem que escolheram. Usem cola e fita adesiva para prender os pedaços de papel ou de tecido.

2. Se escolherem fazer o Boi-bumbá, com a ajuda de um colega, monte a cabeça da personagem: um de vocês junta os lados da parte cortada da garrafa e o outro prende com fita adesiva. Reforcem bem a fita.

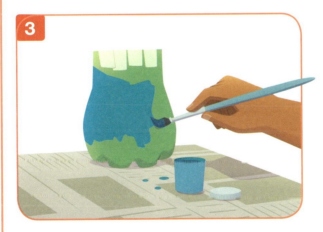

3. Se optarem por usar tinta, pintem a cabeça da personagem com o pincel. Uma demão basta. Lavem o pincel logo depois de usá-lo. Deixem a peça secando.

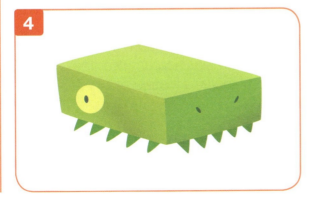

4. Se escolherem fazer a Bernúncia, montem a cabeça com a caixa de sapatos e decorem com os recortes de cartolina e de papel colorido imitando dentes e olhos.

Cortem o fitilho ao meio. Seu professor fará furos em dois lados da caixa.

Façam um nó na ponta de cada fitilho e depois fixem os nós com fita adesiva para não escaparem dos furos.

Decorem a cabeça de garrafa PET com recortes de cartolina na forma de orelhas, chifres e olhos. Colem os botões no lugar do nariz.

Fixem a cabeça na caixa com fita adesiva. As fantasias ficaram prontas. Agora é só planejar o festejo e se divertir!

CAPÍTULO 2
Samba, fandango e outros ritmos

A origem do samba

O samba surgiu de ritmos africanos, como o batuque e o lundu, e de ritmos criados no Brasil, como o maxixe. E desde o início do século 20 é um gênero musical da cultura brasileira.

O termo samba deriva da palavra africana *semba*. Essa palavra significa "umbigada", que é um gesto comum em algumas danças populares brasileiras.

O lundu é uma variação do calundu, dança ritual praticada pelos africanos escravizados na época em que o Brasil era colônia de Portugal.

Os movimentos do lundu são a umbigada e os braços erguidos movendo-se acima da cabeça.

> **Maxixe:** ritmo musical que teve origem no lundu e em danças vindas da Europa. Foi criado no Rio de Janeiro, no século 19.

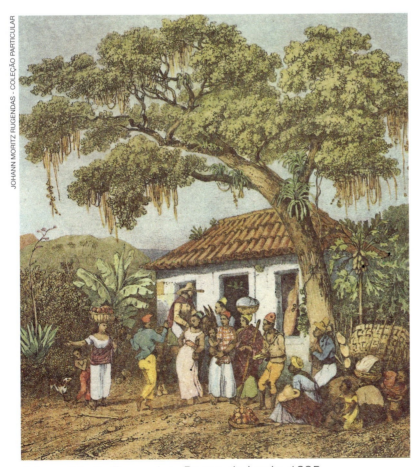

Johann Moritz Rugendas. *Dança do lundu*, 1835. Litografia, 26,7 x 25,1 cm. Coleção particular.

Nessa foto da década de 1950, temos uma cena de umbigada.

83

Os instrumentos mais usados para tocar samba são: tamborim, cuíca, surdo, agogô, pandeiro e cavaquinho. Ouça o som deles.

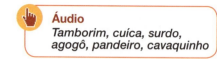

Áudio
Tamborim, cuíca, surdo, agogô, pandeiro, cavaquinho

Tamborim.

Cuíca.

Surdo.

Agogô.

Pandeiro.

Cavaquinho.

Converse com os colegas. Depois, registre suas conclusões.

- O samba é considerado uma das principais manifestações da cultura brasileira. Em sua opinião, por que isso acontece?

Ouça as pessoas com respeito e atenção!
Reflita sobre o que está sendo dito.

As variações do samba

Há diferentes variações do samba. Conheça algumas delas.

Samba de partido-alto: no passado, nesse gênero de samba, os músicos mostravam suas habilidades como músicos e improvisadores.

O samba de partido-alto foi se modernizando com o passar do tempo e sofrendo influência de outros estilos de samba até que se popularizou.

Improvisador: aquele que produz a letra de uma canção no momento em que a canta.

84

Atualmente, o partido-alto não é mais samba de improviso e costuma ser acompanhado de violão, cavaquinho, pandeiro, surdo e outros instrumentos de percussão.

Uma das grandes representantes do samba de partido-alto foi Clementina de Jesus (1901-1987).

Samba de roda: originário do Recôncavo Baiano, é marcado pelo ritmo das palmas e do canto alegre. No samba de roda, a música geralmente é acompanhada por instrumentos de percussão, palmas e objetos, como pratos, panelas e caixas de fósforos.

A sambista baiana Dona Edith do Prato (1915-2009) se apresentava nas rodas de samba usando prato e faca como instrumentos musicais.

Samba-canção: é um samba lento, de origem urbana, que geralmente narra histórias de amor. Esse estilo de samba foi popular nos anos 1930 e 1940.

Um dos primeiros compositores de samba-canção foi o carioca Noel Rosa (1910-1937).

Samba-enredo: foi criado para acompanhar o desfile de uma escola de samba; com frequência é acompanhado pela bateria da escola de samba – nesse caso, ela é formada especialmente por instrumentos de percussão.

Em 1946, Mano Décio da Viola (1909-1984) compôs um samba para a escola Prazeres da Serrinha. Esse é considerado o primeiro samba-enredo.

Samba-*rock*: esse estilo de samba tem influência do *rock*. Nele, a batida do violão é acelerada como se fosse uma guitarra. Foi criado no final da década de 1960, em São Paulo.

O músico e cantor Seu Jorge é compositor de samba-*rock*.

Mãos à obra

Sua tarefa agora será compor uma frase sonora. Para isso, junte-se a mais dois ou três colegas e sigam o roteiro.

Antes da atividade

1. Decidam se vão compor a frase usando sons produzidos com palmas e batidas de mão na carteira ou com um mesmo tipo de instrumento de percussão.

2. Escolham quem começa a atividade e quem participa em seguida. Essa sequência deve ser obedecida até o final da atividade.

Modo de fazer

1. Quem inicia a atividade deve produzir uma sequência de dois sons. Por exemplo, um grupo de quatro alunos escolheu produzir sons com palmas e com batidas dos dedos da mão na carteira.
Assim, aquele que iniciou a atividade bateu palmas com as mãos abertas e produziu o som "**pá-pá**!".

2. O próximo colega a produzir som repetiu a sequência feita pelo colega, batendo palmas, e acrescentou dois sons, batendo a ponta dos dedos de uma mão na carteira: "pá-pá-**tum-tum**!".

3. O terceiro participante, então, repetiu as sequências produzidas pelos colegas e acrescentou dois sons: "pá-pá-tum-tum-**pá-tum**!".

4. O último participante reproduziu a sequência já criada pelos colegas e inseriu outros dois sons: "pá-pá-tum-tum-pá-tum-**tum-pá**!".

5. Depois de repetirem algumas vezes a sequência de sons que criaram, experimentem repeti-la de forma mais fraca. Depois repitam de forma mais forte ou partam de um som mais forte até um mais fraco.

6. Qual das sequências ficou com som mais agradável? Usem-na para mostrar aos colegas a criação de vocês.

ALAN CARVALHO

De olho na imagem

O Carnaval é uma festa muito comemorada em nosso país. Além das escolas de samba, ele está presente em festividades espalhadas por todo o Brasil. Mas o Carnaval também é comemorado em outros países.

Grupo de foliões fantasiados com paletó, gravata e máscara de saco de estopa pintado, no povoado de Mutuca (PE).

Pessoas fantasiadas durante o Carnaval em Valais, Suíça.

Crianças brincando o Carnaval na cidade de Mindelo, ilha de São Vicente, República do Cabo Verde.

Pessoas fantasiadas e mascaradas no Carnaval da cidade de Veneza, Itália.

Converse com os colegas. Depois, registre suas respostas.

1. Você já ouviu falar do Carnaval dos lugares mostrados nessas imagens? Se já ouviu, conte o que sabe.

_____
_____
_____
_____

2. Você já participou desse tipo de folguedo? Onde?

_____
_____
_____

As variações do fandango

No Brasil, o termo fandango é usado para indicar manifestações da cultura popular que reúnem canto, música e dança.

No Norte e no Nordeste, esse folguedo também é chamado de Nau Catarineta, Barca, Chegança de Marujos, Marujada.

A Nau Catarineta, que acontece na Paraíba, na Bahia e no Ceará, por exemplo, é um tipo de representação teatral que encena as viagens marítimas portuguesas do tempo do descobrimento.

Os participantes se caracterizam com roupas brancas e azuis ou brancas e vermelhas para lembrar uniformes de marinheiro.

Caracterizar-se: vestir-se com fantasia ou traje especial.

Devotos de São Benedito participam da Marujada, em Bragança (PA).

88

Em alguns lugares do Sul e do Sudeste do Brasil, esse folguedo é chamado de fandango caiçara e está ligado ao modo de vida da população caiçara.

Em algumas danças do fandango caiçara, é comum os fandangueiros formarem uma roda e usarem tamancos de madeira para marcar o ritmo.

Caiçara: pessoa nascida ou habitante do litoral.
Fandangueiro: quem dança fandango.
Luthier: pessoa especializada na construção e no reparo de instrumentos musicais.

Apresentação do grupo de fandango caiçara do Mestre Romão. Paranaguá (PR).

Em 2012, o fandango caiçara foi reconhecido pelo Instituto do Patrimônio Histórico e Artístico Nacional, Iphan, como Patrimônio Cultural Imaterial brasileiro.

Os instrumentos mais utilizados para tocar fandango caiçara são rabeca, viola de cocho, caixa de folia e adufe, que são feitos artesanalmente por *luthiers* das comunidades fandangueiras. Ouça o som deles.

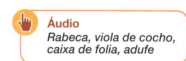

Áudio
Rabeca, viola de cocho, caixa de folia, adufe

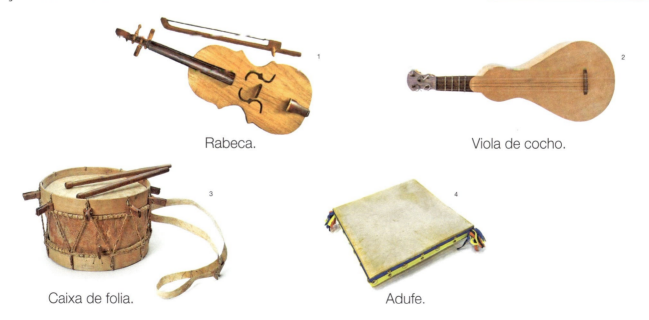

Rabeca.

Viola de cocho.

Caixa de folia.

Adufe.

89

No Rio Grande do Sul, os bailes realizados nos Centros de Tradições Gaúchas, os CTGs, também são chamados de fandango. Eles são animados por vários ritmos: marchas, vaneras, vanerões, xotes, rancheiras, chamamés. Cada ritmo tem um jeito próprio de ser dançado.

Apresentação do Grupo de Danças do CTG Rincão da Cruz. Santa Maria (RS).

Durante a dança do fandango, as mulheres usam vestido rodado e longo. Os homens vestem bombacha, que é um traje tipicamente gaúcho.

O instrumento musical mais usado no fandango gaúcho é o acordeão.

Converse com os colegas. Depois, registre suas respostas.

1. Você já viu uma apresentação de fandango? Se viu, conte qual das variações era e se gostou.

2. A que família de instrumentos a caixa de folia e o adufe pertencem?

3. A que família de instrumentos a viola de cocho e a rabeca pertencem?

Outros ritmos e danças populares

Além do fandango, há outras manifestações da cultura popular que reúnem canto, música e dança em nosso país.

Alguns exemplos são o **carimbó**, originário dos povos indígenas da região amazônica, e o **coco**, de influência africana.

Os africanos trazidos cativos para o Brasil apropriaram-se do carimbó, acrescentando maior vibração ao toque dos tambores e novos movimentos à dança.

O acompanhamento da dança é feito por tambores curimbós de tamanhos e sons diferentes. Os músicos permanecem sentados sobre os troncos de que os tambores são feitos e usam as mãos para tocar.

O carimbó, expressão cultural da região amazônica, se tornou Patrimônio Cultural Imaterial do Brasil em 2014.

No carimbó também são usados instrumentos musicais como o afoxé, o ganzá e o banjo. Ouça o som deles.

Grupo dançando carimbó durante festividade em Belém (PA).

Áudio
Afoxé, ganzá, banjo, curimbó

Afoxé.

Ganzá.

Banjo.

Curimbó.

Converse com os colegas. Depois registre suas respostas.

1. A que família de instrumentos o curimbó, o afoxé e o ganzá pertencem?

_____

_____

2. A que família de instrumentos o banjo pertence?

_____

_____

O coco ocorre principalmente nos estados de Alagoas, Paraíba e Pernambuco. A origem dessa manifestação cultural está associada aos cantos que as quebradeiras de coco entoam durante o trabalho.

Enquanto a maioria dos participantes forma uma roda para dançar o coco, alguns pares de dançarinos vão ao centro executar passos que lembram os da capoeira.

Esse folguedo é acompanhado por instrumentos de percussão, como ganzá, pandeiro e cuíca. Alguns grupos de coco também usam tamancos para marcar o ritmo da dança.

Entoar: cantar.

Apresentação de dança do coco do grupo das Destaladeiras de Fumo de Arapiraca (AL).

Dependendo da região em que ocorre, o coco recebe nomes diferentes, como coco de roda, coco de embolada, coco de praia, coco de umbigada, coco de ganzá e coco de zambê.

Converse com os colegas. Depois registre suas respostas.

1. Você já assistiu a uma apresentação de carimbó ou de coco? Se nunca viu, faça uma pesquisa na internet para assistir a grupos se apresentando. Depois, registre suas impressões sobre um desses vídeos.

_____
_____
_____
_____
_____
_____

2. Você sabe quais são as manifestações culturais populares que reúnem canto, música e dança onde você mora? Se não sabe, faça uma pesquisa em grupo, registre a seguir e apresentem suas descobertas aos colegas.

_____
_____
_____
_____
_____
_____

3. Com seu grupo, que tal escolher uma das danças pesquisadas para fazer uma apresentação aos colegas? Para isso, pesquisem vídeos, assistam, gravem a música e ensaiem. A seguir, registre a expressão cultural que decidiram apresentar e o motivo pelo qual a escolheram.

_____
_____
_____
_____
_____
_____
_____

Para fazer com os colegas

Na festa do boi, as personagens aparecem em determinada sequência, e cada uma tem uma canção e uma maneira de dançar diferentes.

No capítulo 1, vocês fizeram uma pesquisa sobre o festejo do boi que acontece na cidade ou no estado onde moram e produziram fantasias para algumas das personagens.

Agora, com o material que imprimiram, vão elaborar a representação da história para interpretá-la. Leiam a seguir uma sugestão de roteiro de trabalho.

1. Escrevam um pequeno resumo da história que escolheram.

2. Listem as personagens e decidam quem vai representá-las. Lembrem-se de que há personagens que são representadas por mais de um participante.

3. Decidam quem vai coordenar a entrada das personagens, quem vai comandar o áudio com as canções e quem vai gravar esse áudio.

4. Vocês fizeram fantasias para as personagens bicho, mas as personagens vaqueiros, índios, rezadeira ou pajé, padre, fazendeiro, Moreninha ou Catirina, Mateus ou Pai Chico precisam de figurinos próprios. Quem for desempenhá-las deve produzir o figurino e também decidir se vão usar adereços, como máscaras e chapéus.

5. Assistam a um vídeo de uma apresentação da festa que escolheram para ver como as personagens atuam.

6. Verifiquem se alguém pode filmar ou ao menos fotografá-los em cena.

7. Ensaiem várias vezes e mudem ou corrijam o que acharem necessário.

8. Testem o funcionamento dos equipamentos que pretendem usar. Por exemplo, quem ficar encarregado de colocar o áudio deve testar se o aparelho para reproduzi-lo tem pilhas e se elas estão com carga, ou se a bateria do celular que usarão para filmar está carregada etc.

9. Façam a apresentação!

Vamos ler

- **A orquestra tim-tim por tim-tim**, de Liane Hentschke, Susana Ester Krüger, Luciana Del Ben e Elisa da Silva e Cunha. São Paulo: Moderna, 2005.

  Essa é uma oportunidade de mergulhar no maravilhoso mundo dos instrumentos musicais e conhecer mais de perto as famílias das cordas, das madeiras e dos metais, além da importância de cada um deles em uma orquestra.

- **As melhores brincadeirinhas musicais da Palavra Cantada**, de Sandra Peres e Paulo Tatit. São Paulo: Melhoramentos, 2012.

  Cante, dance e brinque com as brincadeiras musicais desse livro. Inclui DVD, que sugere o que fazer em cada brincadeira, e traz entrevistas curiosas com vários instrumentos. Prepare-se para aprender e se divertir muito com seus amigos e sua família!

- **Soltando o som**, de Carolina Michelini. Ilustração de Michele Iacocca. São Paulo: Moderna, 2015.

  Jana e Dudu percebem quantos sons diferentes eles produzem e quantos outros barulhos, ruídos, músicas os rodeiam! Fazendo experiências com assobios, extraindo sons do próprio corpo, experimentando timbres e alturas de voz, eles vão descobrindo e nos contando os mistérios da música.

- **Festas**. Texto e ilustrações de Marcelo Xavier. Belo Horizonte: Formato, 2012. (Coleção O Folclore do Mestre André.)

  Nesse livro, você conhecerá Mestre André, um contador de histórias que lhe mostrará o universo fascinante do folclore brasileiro. Personagens folclóricas, festas populares e comemorações religiosas são representadas com imagens feitas com massinha de modelar.

- **Amiga música**, de Ziraldo.
  São Paulo: Editora Moderna, 2017.

  Esse livro conta a história de Bia, uma garota muito curiosa que desvenda as belezas e os mistérios da vida por meio da música. Em sua jornada, Bia conhece uma orquestra muito especial que a ajuda a descobrir as particularidades dos sons, as diferenças entre os instrumentos de cordas, sopro e percussão, as notas musicais etc.

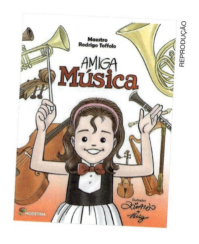

- **Pixinguinha**, de André Diniz e Juliana Lins.
  São Paulo: Editora Moderna, 2003.

  Em todas as áreas em que atuou, seja como compositor, regente e orquestrador, ou simplesmente como instrumentista, tocando flauta e saxofone, Pixinguinha conseguiu expressar a cultura musical brasileira. Sua música é simples, mas profunda.

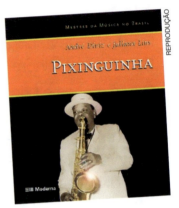

- **Festas e tradições**, de Nereide Schilaro Santa Rosa.
  São Paulo: Editora Moderna, 2001.

  Desde a Antiguidade o ser humano expressa suas emoções dançando e cantando. No Brasil, as festas e tradições como o Bumba Meu Boi, congada, capoeira, maracatu, carnaval serviram de inspiração a artistas plásticos. Descubra a cultura de nossa gente por meio do olhar de nossos artistas.

- **Pau-brasil**, de Luís Pimentel. São Paulo: Editora Moderna, 2010.

  Esse livro mostra um pouco do que o Brasil possui em riqueza e diversidade, como nossa culinária, as festas, a música, a dança popular, a literatura de cordel. A cultura popular nasceu da adaptação do ser humano ao ambiente onde vive e influenciou a formação de suas crenças, linguagem, ideias, hábitos, tradições, usos e costumes, artesanato, folclore etc.

- Destaque esta página para o *Jogo das janelas*, das páginas 4 e 5.

JANELA 1

(frase)

JANELA 2

(desenho)

JANELA 3

(frase)

JANELA 4

(desenho)

JANELA 5

(frase)

- Destaque esta página para o *Jogo das janelas*, das páginas 4 e 5. Você pode usá-la para brincar com seus amigos e familiares.

JANELA 1

(frase)

JANELA 2

(desenho)

JANELA 3

(frase)

JANELA 4

(desenho)

JANELA 5

(frase)

99

- Destaque referente à página 56.

- Destaque referente à página 56.

- Destaque referente à página 56.

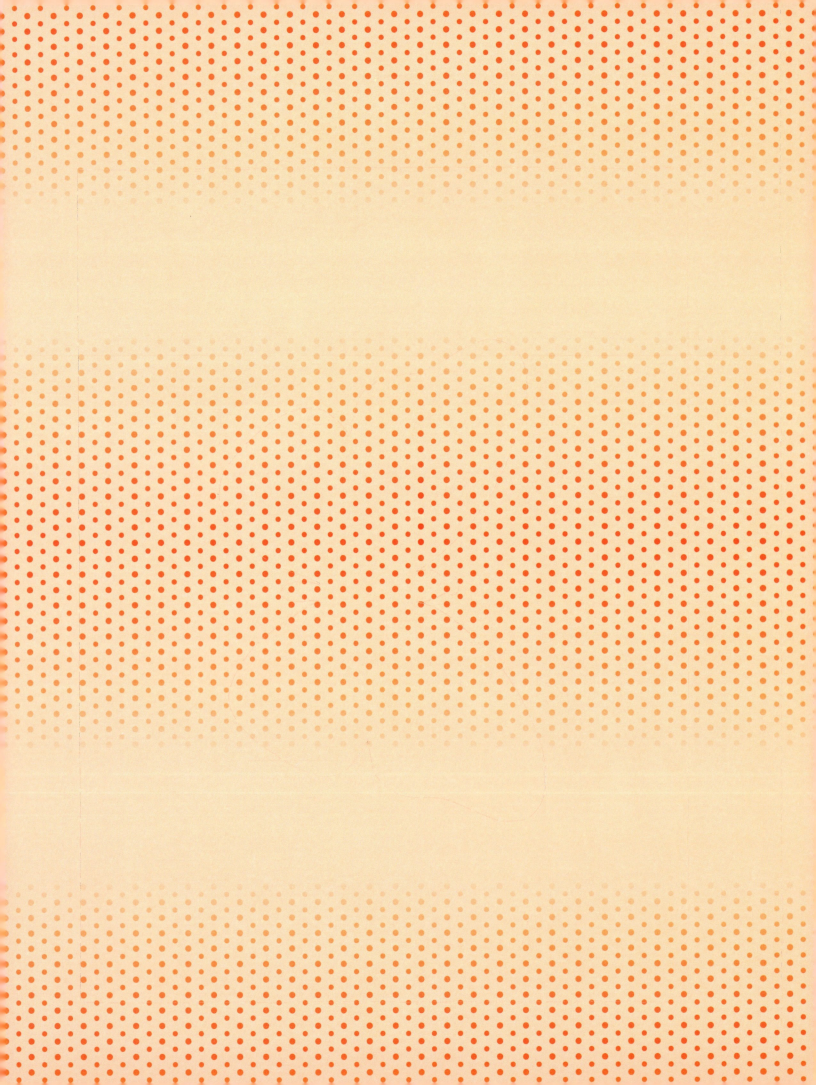

- Destaque referente à página 56.

107

• Adesivos para a atividade da página 78.

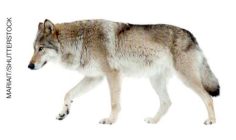

- Adesivos para a atividade da página 78.

111